Xth
11934

LA MOISSON,

OPÉRA-COMIQUE

En deux actes & Vaudevilles,

PAR C. A. B. SEWRIN.

Accompagnements & airs nouveaux par M. SOLIÉ.

Représentée pour la premiere fois à Paris sur le Théâtre de l'Opéra-Comique de la rue Favart, le 5 septembre 1793.

Prix 25 sols.

A PARIS;

Chez MONGIE & BARBA, libraires, galerie de bois, n° 227, maison Egalité.

―――

1793.

PERSONNAGES.	ACTEURS.
BLAISE,	M. Michu.
THERESE,	Mlle. Rosalie.
GROS-PIERRE,	M. Menier.
PERRETTE,	Mad. Gonthier.
BENJAMIN,	M. Paulin.
GUILLOT,	M. Fay.
LE PETIT LUBIN,	Mlle. Philippe.
LE NOTAIRE.	

Paysans & Paysannes de tout âge.

La Scène se passe dans un Village.

Je soussigné auteur et propriétaire d'un Opéra-Comique en deux actes et en vaudevilles, intitulé: LA MOISSON, reconnois céder au Citoyen Barba, libraire à Paris, le droit de faire imprimer, vendre et débiter ledit Opéra; déclare aussi poursuivre devant les tribunaux tout autre imprimeur qui s'en permettroit une contrefaçon, de même que tout directeur, entrepreneur de spectacles, qui le feroit représenter sans mon consentement formel et par écrit. Paris ce, 8 octobre 1793.

SEWRIN.

LA MOISSON,

Opéra-Comique en deux actes.

ACTE PREMIER.

Le Théâtre représente un lieu champêtre; dans le fond est un champ de bled prêt à être moissonné; une rivière sur laquelle est un pont rustique, traverse le théâtre; à droite est un berceau & à gauche une ferme où est une fenêtre avec une poulie & une corde pour monter les gerbes.

SCENE PREMIERE.

BLAISE (*sous le berceau.*)

Air: *de M. Solié*, n°. 1.

I.

Songeons à ma Thérèse,
Dessous ce frais berceau,
Le cœur soupire à l'aise,
Au murmure de l'eau;
Ma pensée est plus pure,
Et mes yeux satisfaits,
Contemplant la nature,
Pensent revoir ses traits.

II.

Dieux! quel épais nuage
Obscurcit le lointain!

De quelqu'affreux orage ;
C'est le signe certain ;
Fuyons donc ce rivage...
Mais quelle est mon erreur,
Mes pleurs font le nuage,
L'orage est dans mon cœur.

III.

Raison, triste Déesse,
Viens soulager l'amour,
Console ma tendresse,
Par l'espoir du retour,
Dissipe mes allarmes ;
Mais quel espoir trompeur !
Comment sécher mes larmes,
La source est dans mon cœur.

SCENE II.

BLAISE, THÉRESE.

THÉRÈSE *cachée derriere le berceau.*

Air : *charmantes fleurs*, n° 2.

BLAISE, reviens, ton amante est fidelle.

BLAISE.

Dieu...! me trompai-je! ai-je entendu sa voix.

THÉRESE.

Blaise, reviens c'est Thérese qui t'appelle

BLAISE *la voyant.*

Ah ! je ne puis me tromper cette fois.

Air : *de M. Solié*, n°. 3.

I.

Pourquoi donc ainsi, méchante,
M'inspirer de vains soupçons,
Et du bonheur qui m'enchante
Troubler le cours sans raisons,
Par une allarme cruelle

Ne tourmente plus mon cœur ;
Te soupçonner infidelle
L'accableroit de douleur.

THÉRÈSE.

Par une erreur qui t'abuse
J'ai voulu sonder ton cœur.
Blaise ! pardonne une ruse
A qui je dois mon bonheur ;
J'ai voulu par l'apparence
Qu'un dépit jaloux t'apprit
Ce que coûte l'inconstance
D'un objet que l'on chérit.

Mais il faut que je te gronde à mon tour.

Air : *ô Mahomet*, n°. 4.

Je ne vois point ce beau nid de fauvette,
Qu'hier encor Blaise m'a tant promis.

BLAISE.

Viens avec moi, tu seras satisfaite ;
J'en connois un caché dans ces épis.
Qué ces oiseaux élevés par ma belle
De jour en jour grandissent sous ses yeux,
Que je les voie embellir ainsi qu'elle,
Que son amour puisse croître comme eux !

Air : *le port Mahon est pris*, n°. 6.

Chut ! je suis tout près du nid,
    Glissons la main sans bruit,
    Ah ! j'ai trouvé la mère !
Ah ! j'ai trouvé la mère & le père !
    Ah ! j'ai trouvé la mère
    Avec tous les petits.   (3 fois.)

Air : *de M. Solié*, n°. 6.

I.

THÉRÈSE.

Les premiers rayons de l'aurore
Ont d'abord échauffé ces œufs,
Le soleil les a fait éclore,
Dès qu'il a fait briller ses feux.

BLAISE.
La nature est la douce aurore
Qui fait d'abord germer un cœur,
Et l'amour pour le faire éclore,
Doit y répandre sa chaleur.

II.

THERESE.
C'est aujourd'hui qu'avec usure,
Tous nos laboureurs bien charmés
Doivent des mains de la nature
R'cueillir les grains qu'ils ont semés....

(*Tous deux ensemble aux petits oiseaux.*)

Ah ! sans nous, petite famille,
Vous subissiez un triste sort,
Sous le tranchant de la faucille
Vous alliez rencontrer la mort.

SCENE III.

LES MÊMES, GROS-PIERRE, PERRETTE, BENJAMIN, MOISSONNEURS ET MOISSONNEUSES.

GROS-PIERRE (*dans la maison.*)

Air : d'une bourée saintongeoise, n°. 7.

Ç'a, not' minagere
Avant d'moissonner,
La chose est bien claire,
Il faut déjeûner.

THERESE.
Ciel ! j'entends mon père,
Que devenir ?

BLAISE.
Ne crains rien, ma chere,
S'il doit venir.

II.

J'nous cach'rons bien vite
Dans ces hauts épis.

THERESE.

Oh! l'excellent gîte!
Je suis d'ton avis.
Le v'là qui fort, Blaise.

BLAISE.

Ne disons mot.

(Elle s'enfonce dans les bleds.)

Es-tu bien Thérèse?

THERESE.

J'suis comme il faut.

(Tous deux se cachent dans les bleds.)
(Gros-Pierre, Perrette, Benjamin, chœur de mois-
sonneurs & de moissonneuses, tous sortent de
la maison.

Air: *Ah! quel beau jour (des 2 petits savoyards.)*

Ah! quel bonheur
Pour l'moissonneur!
Mes amis, à l'ouvrage
Aujourd'hui tout l'village
Doit se mettre de bien bon cœur.

BENJAMIN.

Loin d'vot fill', Blaise enrage
En c'moment.
Quel tourment
Pour c't amant
S'il apprend
Mon mariage;
Vraiment
Je le plains à présent.

GROS-PIERRE.

Demain & toute la semaine,
Au bruit de mon tambourin

Vous dînerez & dans le vin
Vous noirez toutes vos peines.

(*Pendant la ritournelle, l'on s'asseoit & l'on déjeûne sur le gazon.*)

Chœur de moissonneuses dans la coulisse.

Ah ! quel bonheur, &c...

GROS-PIERRE.

Mais par-là qu'est-ce que j'entends ?

BENJAMIN.

Papa, ce sont nos païsans.

GROS-PIERRE.

Comment ce sont nos païsans ?

BENJAMIN.

Qui tous gaiement
S'en vont au champ.

GROS-PIERRE.

S'en vont au champ.

CHŒURS.

Chacun sous l'bras tient sa maîtresse ;
V'là ce qui leu' caus' tant d'allégresse.
Oh ! mes amis,
V'nez par-ici,
Par-ici,
Par-ici,
Par-ici.

SCENE IV.

LES MÊMES, AUTRES MOISSONNEURS ET MOISSONEUSES.

Les moissonneurs qui sont sur la scène vont présenter à boire à ceux qui paroissent, & tous reprennent le chœur.

Ah ! quel bonheur
Pour l'moissonneur ;

Mes amis à l'ouvrage
Aujourd'hui tout l'village
Doit se mettre de bien bon cœur.

GROS-PIERRE.

Mais à propos...

Air : *reveillez-vous, belle endormie*, n°. 9.

Je n'vois point qu'avec nous Thérese
S'empresse d'venir travailler;
Faut ben que l'travail lui déplaise,
Attendez-moi, j'cours la chercher.

BENJAMIN *l'arrêtant.*

Tout doux, beau-pere, tout doux.

II.

Ma futur' dort encor, je gage,
Souffrez que j'arrête vos pas,
Car la veille d'un mariage
Un peu de repos ne nuit pas.

GROS-PIERRE.

Oh! dans c'cas, puisque tu l'veux, j'y consens, allons...

Air : *reprenez vot' musette ô gué*, n°. 10.

A l'ouvrage m'est avis
Qu'sans tarder on s'mette.

BENJAMIN.

Pour qu'la b'sogne, mes amis,
Soit plus vîte faite,
Je vais vous chanter, morgué,
La p'tit' chansonnette, ô gué!

CHŒURS.

La p'tit' chansonnette.

BENJAMIN.

Air : *qu'en dira ma mere*, n°. 11.

Accoutez l'histoir' de Nanon,   } bis en
    Ah! qu'elle est drôle! } chœurs.
Nanon aimoit un biau garçon,   } idem.
    Sur ma paroie,

B

Un biau matin de la maison,
Comme on alloit fair' la moisson ;
  La petite folle
  S'enfuit avec le drôle.
Et vous allez voir si Nanon } *bis en*
  Sçut bien jouer son rôle. } *chœurs.*

II.

La belle avec le damoiseau } *idem.*
  Trop téméraire,
S'en va prendre un nid d'oiseau } *idem.*
  Dans l'champ d'son père.
Le bonhomme dès que l'soleil luit,
Pour moissonner sort de chez lui ;
  Que fait la bergere
  Pour se tirer d'affaire ?
Dans les bleds elle se cache sans bruit ; } *idem.*
  Etoit-ce donc mal faire ?

III.

Le père ainsi que l'prétendu } *idem.*
  De la fillette,
Croyont qu'all' dort, bien entendu, } *idem.*
  Dans sa chambrette.
Quand tout à coup dans un sillon
Ils apperçoivent un jupon,
  Et la petite folle
  Entre les bras du drôle....

Ah ! mon dieu !.... à mon secours, beau-père, à mon secours ma p'tit' marraine. (*Il se sauve.*)

BLAISE *poursuivant Benjamin.*

Et vous allez voir si c'garçon
  Sçut bien jouer son rôle.

PERRETTE.

Eh bien, not' homme, que va-t-il faire ? je cours les séparer, Benjamin, mon fils Benjamin.

CHŒURS.

Air : *de la Fourbonnaise*, n°. 12.
Oh la plaisante histoire!
Persoon' n'voudra la croire, (bis.)
Mais dans notre mémoire
Long-temps elle sera,
Ah! ah! ah! ah!

GROS-PIERRE.

J'étouffe de colere.

THERESE.

Appaisez-vous, mon pere.

BENJAMIN *à la fenêtre du grenier*.

Ah! mon dieu, comment faire!
Il me poursuit... le v'la...

(*Il se laisse glisser le long de la corde attachée à la poulie, Blaise en fait autant.*)

LE CŒUR *se moquant de Benjamin*.
Ah! ah! ah! ah! ah! ah! ah! ah! ah!

BENJAMIN.

A mon secours, papa.

CŒURS.

Ah! ah!
Qu'arriv'ra-t-il d'tout ça?

(*Quelques paysans les suivent.*)

GROS-PIERRE *à Thérese*.

Air : *je brûle de voir ce château*, n°. 13.
Ainsi malgré moi tous les jours
Tu vas avec ce Blaise,

PERRETTE.

Pour cette fois à tes amours
J'mettrons fin, n't'en deplaise.

GROS-PIERRE.

Pourquoi me désobéis-tu?

PERRETTE.

Pourquoi me désobéis-tu?

B 2

THERESE, *finement.*

C'est qu'en fait de fruit défendu,
Dès qu'on y pense ou qu'on y touche, (*bis.*)
L'eau tout d'suite en vient à la bouche. (*bis.*)

PERRETTE.

Air : *nous sommes précepteurs d'amour*, n°. 12.

Tous ces discours sont superflus,
Benjamin veut t'avoir pour femme,
Et ce n'est qu'avec des écus,
Qu'il esper' te prouver sa flamme.

THERESE.

Air : *du pauvre monde*, n° 13.

Non, devant vous, je le répete encor,
Cet offre n'peut que me déplaire,
Autant que lui je méprise son or.

PERRRTTE.

Ma fille, vous êtes bien fiere.

THERESE.

Qu'il n'esper' pas,
Hélas!
Me prendre à cet appas ;
Tenez, qu'un seul mot le confonde,
En ménag' si l'époux,
Près d' nous,
n'apportoit que d' l'argent,
Vraiment,
Comment iroit le pauvre monde !

PERRETTE.

Vous l'entendez, c'te p'tite effrontée,
voilà donc le fruit des sermons de not' pasteur.

THERESE.

Air : *de M. Solié*, n° 14.

Lorsque l'amour dans mon enfance,
N' tourmentoit pas encor mon cœur,
J'écoutois avec révérence
Les sermons de notre pasteur ;

Mais près de Blaise je commence
à m'appercevoir aujourd'hui,
Que malgré toute sa science,
Le curé ne m'a pas tout dit.

PERRETTE.

Ah! juste ciel!

GROS-PIERRE.

Mais i paroît qu'il t'en a diablement appris, ce Blaise...

THERESE.

Air: *du Vaudeville de Figaro.*
C'est un très-grand mal, je pense,
Que l'curé de ce canton
N'instruise de préférence
Que sa gouvernant'Manon;
Retirer de l'ignorance
Fille en âge de raison,
C'est le devoir d'un garçon.　　(*bis.*)

PERRETTE.

Comment? comment?

BENJAMIN *dans la coulisse.*

Ahi! ahi! ahi!...

PERRETTE & GROS-PIERRE.

Air: *à boire*, n°. 18.
Quels cris se font entendre?

BENJAMIN *dans la riviere.*
V'nez au s'cours de vot'gendre.

CHŒURS.
Ciel! quel objet frappe nos yeux!

BENJAMIN.
Qu'on m'aide à sortir de ces lieux.

SCENE V.
Les Précedens, BENJAMIN.
BENJAMIN.
Air : *un cordelier dit à Lisette*, n°. 19.

Queu chagrin, queu peine on endure
Quand on est pris par c'chien d'amour !
Faut espérer, ma p'tite future,
Q'vous m'en dédommag'rez un jour.

PERRETTE & GROS-PIERRE.
Quelle aventure,
Dans c't'embarras
T'a mis, dis-le nous....

BENJAMIN.
Je vous jure
Qu' c'est pour Thérese & ses appas.

THERESE.
Nage toujours & n'ty fi' pas. *(bis.)*

(On le sort de l'eau.)

BENJAMIN.
Air: *Pauvre petit*, (de Renaud d'Ast) n° 20.
Ahi..... Je suis transi......

THERESE.
Pauvre petit.

BENJAMIN.
Je suis transi.

THERESE.
Pauvre petit,
Voyez comme il frissonne.

BENJAMIN.
Oh oui ! oui, je frissonne.

THERESE.

Qu'il a bon air, qu'il est gentil.

THERESE.

Oh oui ! oh oui ! oh oui ! oh oui ! oh oui.
C'est un'bonne personne.

BENJAMIN.

Mais, qui l'a fait changer ainsi ?
Ell'dit que je suis fort joli,
Papa, ce langage m'étonne,
   D'honneur m'étonne ;
Mamsell' vous mocquez-vous de moi ?

THERESE.

Me mocquer d'vous, non, sur ma foi.

BENJAMIN.

Dans c' cas vous êtes trop bonne,
Trop bonne, en vérité trop bonne...
Mais.... je suis transi.

THERESE.

Le bon mari, &c....

BENJAMIN.

Air : *de Joconde*, n° 21.

Je n'me battrai plus, j'en répond',
   Malgré tout mon courage ;
Dussé-je passer pour poltron,
   J'en vivrai davantage ;
Entr' Blaise & moi, peu s'en fallut,
   Qu'on n'vit un grand carnage,
Et j'serois mort si j'n'avois su
   Me sauver à la nage.

PERRETTE.

Air : *de M. Solié*, n° 22.

Pour terminer ce différend,
   Écoute-moi, Gros-Pierre,
Faut les marier promptement,
   Va quérir le notaire.

BENJAMIN.

Ne remettons point à demain,
Cet acte nécessaire ;
Car que sait-on, p'têt' Benjamin,
N'auroit plus rien à faire.

Air : *de Joconde.*

C'nest pas, mamsell', que vot vartu
Me soit du tout suspecte,
Quoique j'ayons l'air d'un nigaud,
J'avons c'que c'est que d'vivre ;
Mais si ce Blais' venoit encor,
Oh dam ! com' dit l' proverbe,
A ce piège-là le plus fin,
Souvent se laisse prendre.

GROS-PIERRE.

Air : *de M. Solié*, n° 23.

Ce maudit notaire est logé,
Tout au bout du village,
Et puis je m'sens fatigué,
Pour faire un mariage.

PERRETTE.

Si l'notaire demeur' loin, Lubin
Se charge du voyage.

GROS-PIERRE.

LUBIN,
Oui, oui... } Mais je suis si las...

PERRETTE.

Bon ! la gaité de leur festin
Te délass'ra, je gage.

THERESE.

Air : *O ! ma Nina, fille chérie*, n° 24.

O mon pere, voyez mes larmes,
Oui, oui, cette hyménée, hélas me f'ra mourir,

GROS-PIERRE.

Quan all' pleur', (*bis.*) qu'elle a de charmes,
Je sens (3 f.) que je vais m'attendrir.

THERESE.

O mon pere, voyez mes larmes,
Voyez mes larmes.

BENJAMIN.

Dit' donc, ma p'tit' maman, fi ça dur plus long-tems, ça tourn'ra mal pour moi.

PERRETTE.

Ne t'inquiete de rien, mon garçon, va te r'habiller...

BENJAMIN.

Oui & par après j'irons inviter tous ceux qui doivent affifter à nos fiançailles....

PERRETTE.

Air : *c'est la petite Thérese*, n° 25.

Au logis, ne vous déplaife,
Sur-le-champ il faut rentrer.

THERESE.

Que vous a donc fait Thérefe,
Aujourd'hui pour l'affliger ?

PERRETTE.

Ce n'est pas là votre affaire,
Allons, marchez fans raifons,
C'eft l'ordre de votre mere,
Ne faites pas de façons.

II. (*à Lubin.*)

Dis au notair' du village
d'apporter fon parchemin.

THERESE.

Hélas ! ce trifte voyage
Peut fe remettre à demain ;
Non, n'efpérez pas, ma mere,
Qu'Benjamin puiffe jamais
Venir à bout de défaire
Des nœuds que l'amour a faits.

C

GROS-PIERRE.

Air : *de la fanfare de Saint-Cloud*, n°. 26.

Pour c'te pauvre enfant queu crise !
Moi-mêm' j'en suis désolé...

PERRETTE *poussant Thérese dans la maison.*

De peur de quelque surprise,
Fermons la porte à la clé.

___

SCENE VI.
BLAISE, MOISSONNEURS.

BLAISE.

MAMAN, pour garder vos filles,
J'veux vous apprendre à mon tour,
Que les verroux & les grilles
Inquietent peu l'amour.

CHŒURS.

Air : *de M. Solié*, n°. 27.

T'as ben raison,   } bis en
Mon garçon,   } chœurs.
L'dieu Cupidon
Est un fripon
Qui, dit-on,
Avec son...
Carquois à tout résiste.
T'as ben raison,   } idem.
Mon garçon,   }
De c'te maison,
Loin du tendron,
Il est bon
D'chasser ton
Rival de mauvais renom.
T'as ben raison,   } idem.
Mon garçon, &c.   }

BLAISE.

Sur not' séparation,
Si madam' Perrette insiste,
J'sentons ben que pour moi ça s'ra triste. (*bis*)

Mais j' répond'
Que l'occasion
F'ra le larron.

CHŒURS.

T'as ben raison,
Mon garçon, } *idem.*
L' dieu Cupidon, &c.....

Fin du premier acte.

ACTE II.

Le théâtre représente une chambre rustique; à droite est une porte qui conduit à la grange; à gauche est un escalier par où l'on va dans la chambre. Une fenêtre donne en dedans sur le pallier, & en dehors sur la campagne. Trois tables sont dressées & couvertes de gros mets.

SCENE PREMIERE.

GROS-PIERRE, PERRETTE, THERESE.

PERRETTE.

Air : *nous nous marierons dimanche*, n°. 23.

Du festin,
Enfin
Les apprêts
Sont faits.

THERESE, *à part.*

Ah ! je sens un trouble étrange.

GROS-PIERRE.

Oui, mais il faut
Qu'au plutôt
Tu t'arrange ;
Ma femme vas
Mett' ta robe à
Grand'manches.

PERRETTE.

Et toi, mon mari,
Faut qu'tu mette aussi
Ton bel habit des dimanches.

SCÈNE II.
THÉRÈSE seule.

Air: *du vaudeville de la Soirée orageuse*, n°. 29.

LE tems se passe, & Blaise encor
N'travaill'point à ma délivrance ;
Me laiss'ra-t-il subir mon sort ?
Que dois-j'penser de son silence ?
Si mon amant me trahissoit...
Ah ! Blaise est trop fidele & tendre ;
Et quelquefois il ne se tait,
Que pour se faire mieux entendre.

(*Ritournelle.*)

Air: *sur le bruit de vos talens*, n°. 30.

C'est l'rival de mon amant,
O ciel ! je suis toute en transe ;
V'là l'rival de mon amant,
Pour moi qu'en triste moment !

BENJAMIN *en dehors.*

Pan, pan, pan, pan, pan, pan,
Ouvrez-nous en diligence ;
Pan, pan, pan, pan, pan, pan,
Ouvrez-nous, ma p'tit'maman.

PERRETTE *sur le pallier.*

Eh ! notre homme, es-tu prêt ?... J'suis à toi, Benjamin... tiens, voilà la clef.

BENJAMIN *en dehors.*

Merci, marraine.

PERRETTE.

Trouv'ras-tu bien la serrure ?

BENJAMIN.

Je suis dedans... mam'Perrette...

SCENE III.

PERRETTE, GROS-PIERRE, THERESE, BLAISE, *déguisé en capucin aveugle*, MOISSONNEURS, BENJAMIN & GUILLOT.

GROS-PIERRE *allant au-devant.*

Air : *si vous aimez la danse*, n°. 31.

Ça, que la gaité brille.
BENJAMIN.
Papa, j'vous amenons
Pour cela de bons drilles
Et de jolis tendrons.
GROS-PIERRE.
Si vous aimez la danſe,
Venez, accourez tous
Boire du vin de France,   (*bis*)
Et danſer avec nous.
CHŒURS.
Oui, nous aimons la danſe, &c.
PERRETTE.
II.
Mais d'où vient ce bon pere ?
BENJAMIN.
Il s'étoit égaré ;
Dans not'chemin, ma mere,
Je l'avons rencontré.
Pour à c'te fin qu'i danſe,
J'vous l'amenons itou.
BLAISE.
J'aime le vin de France,   (*bis*)
J'en veux boire avec vous.

CHŒURS.
A c'te fin qu'i danse, &c.

GROS-PIERRE.
III.
A table prenons place.

BENJAMIN à Thérèse.

Donnez-moi votre main,
Faut qu'vous soyez en face
De vot'p'tit Benjamin;
Mamselle, avant la danse,
Je boirons quelques coups
De ce bon vin de France, (bis)
Qui nous égayera tous.

CHŒURS.
Mamselle, avant la danse, &c.

BENJAMIN.

A propos, j'avions oublié quelque chose de bien essentiel pourtant. Ecoute ici, toi.

GUILLOT.

Que me veux-tu ?...

BENJAMIN.

Air : *Regards vifs & joli maintien*, n°. 32.

Regard vif & joli menton
Te distinguent dans le village;
D'la noce sois l'premier garçon,
Mais sur-tout demeure bien sage;
Car sais-tu bien, mon cher Guillot,
Ce qu'à l'épousée il t'faudra faire;
Oui, sais-tu bien, mon cher Guillot,
Dans c't'emploi quel sera ton lot ?
C'est toi qui prendras (bis) la jarretière.

GUILLOT.

Pour c'qu'est d'ça, monsieur Benjamin,
Je ne somm'pas du tout novice;
A d'autres, c'est un fait certain,
J'ons rendu le même service.

Jeannette, l'jour qu'on la força
D'prendre un mari qu'elle n'aimoit guere ;
Jeannette, l'jour qu'ell's'maria,
A sa noce aussi m'invita ;
Et c'est moi qui lui pris (*bis*) sa jarretiere.

BENJAMIN.

Dans c'cas je compte sur toi...

BLAISE.

Air : *c'est ce qui me désole*, n°. 33.
Que n'ai-je encor mes deux yeux
Pour voir le couple si joyeux...

THERESE.

Joyeux !.. j'vois ben qu'il n'y voit goute. (*bis*)

BLAISE, *à part*.

Thérès' sous ce déguisement
Ne reconnoit pas son amant.

BENJAMIN.

Son amant ! l'per'est aveugl'sans doute. (*bis*)

PERRETTE.

II.

Mais avec le notaire, hélas,
Le p'tit Lubin ne revient pas ;
Seriont-ils morts en route ? (*bis*)

BENJAMIN.

En attendant c'maudit griffon,
Ma futur d'un p'tite chanson
Nous r'galera sans doute. (*bis*)

CHŒURS.

Oui, oui, une p'tit'chanson, mamselle
Thérèse, une p'tit'chanson...

BENJAMIN.

Et queq'chose de ben gai.

THERESE.

THERESE.
Air : de M. Solié, n° 34.
Une jeune bergere,
Loin d'l'objet d'son amour,
Confioit sa misere
Aux échos d'alentour.
Cher Hylas, disoit-elle,
Viens vite à mon secours,
Ou la Chloé fidelle
Va t'perdre pour toujours:
Ma mere est inflexible,
Et par un nœud fatal,
Ce soir, s'il est possible,
M'unit à ton rival.

BENJAMIN.
Et c'rival est p't'être un imbécille ou un... dam, que sait-on ; t'nez, ma future, vot'chanson m'fend le cœur, & au terme où nous en sommes, morgué, faut d'la gaîté ; viv'les mariages ben assortis comme le nôtre, par exemple ; mais vous n'me répondez rien, vous avez toujours un certain air chagrin...

BLAISE.
Mes amis, laissez-moi faire, j'vous promets d'égayer la future. Faudra, bon gré malgré, qu'ell'danse avec nous.

BENJAMIN.
Comment, mon ch'pere, est-ce que vous auriez... vous auriez plus d'pouvoir que...

BLAISE.
Donnez-moi un violon, & conduisez-moi auprès de la jeune fille, & vous verrez par après... vous ferez chorus.

CHŒURS.
Oui, oui, nous ferons chorus.

D

BLAISE.

Air : *Ah ! le cœur à la danse*, n°. 35.

I.

Un hibou se sentant épris
Pour une jeune fauvette,
Tenta par ses lugubres cris,
De séduire la pauvrette ;
En vous taisant, vieux hibou,
De m'plaire vous viendrez à bout ;
Ah !...
Ah ! le cœur à la danse,
Un rigaudon,
zig zag dondon,
Le plaisir en cadence
Vaut mieux que la raison.
} *Bis en chœur dansant.*

II.

Piqué d'un propos aussi sec,
L'oiseau d'mauvais augure
Alloit croquer d'un coup de bec
La pauvre créature ;
Ne craignez rien de ses coups,
Fauvette, on veille sur vous...
Ah !...
Ah ! le cœur à la danse, &c. *Idem.*

III.

Le maître des oiseaux fend l'air
Pour venger l'innocence,
Et furieux comme un éclair,
Sur le hibou s'élance ;
Ne craig— plus rien d'ses coups,
Fauvett'je suis près de vous...
(*Blaise et Thérèse se reconnoissant.*)
Ah !...
Ah ! le cœur à la danse,
Un rigaudon,
Zig zag dondon,
Le plaisir en cadence
Vaut mieux que la raison.

BENJAMIN.

Ah mon dieu ! est-ce que ce bonhomme

seroit un saint, pour faire d'pareils miracles ; morgué, j'veux baiser le pan d'sa robe ; tubleu, ma future, comme vous v'là changée !...

THÉRÈSE.

Dans l'fait, monsieur Benjamin, je m'sens mieux à présent, depuis que c'bon pere...

BENJAMIN.

Il a donc queuq'talisman caché sous son capuchon, c'est p'tet' cette béquille qui... mon pere, comment vous appelez-vous ?

BLAISE.

Air: *La bonne aventure*, n° 36.

Dans c'pays n'i a pas d'jours,
L'ami, je vous l'jure,
Qu'il ne m'arrive toujours
Queq'drôl' d'aventure,
C'est pour cela qu'au couvent,
L'on m'appelle maintenant,
L'per' Bonaventure
 O gué,
L'per' Bonaventure.

PERRETTE.

Comment avez-vous fait pour vous égarer ?

BLAISE.

C'est tout simple ; vous voyez que je suis aveugle ; c'est l'usage chez nous dans l'temps de la moisson d'aller faire la quête dans tout les villages voisins ; je fus chargé de cette commission-là ; l'on m'avoit donné un petit garçon pour conducteur, mais le petit coquin m'a laissé en route ; je cherchois mon chemin à tâtons, lorsque vous m'avez rencontré, & je prétends bien payer mon écot.

Air : *de la ronde de Lucile*, n°. 37.

I m'e vient à l'esprit
Queq'chos'qui vous plaira, je gage,
I m'vint à l'esprit
D'vous tirer vot'tort aujourd'hui ;
Qu'en dit tout le village ?

LES JEUNES FILLES.

Oh ! pour moi, je dis oui.

LES VIEILLES.

Moi j'enrage..

BLAISE.

Tout l'village
Est donc de mon avis !...
Allons commençons,
Et faisons-y passer chaque âge,
Depuis l'nourisson,
En r'montant jusqu'au barbon.

Air : *de la confession*, n°. 38.

Je suis complaisant,
Et d'un conseil bien salutaire,
Je veux que d'céan
Chacun s'en retourne content.

UNE MERE *tenant son enfant*.

Croyez-vous qu'mon enfant, gros pere.

BLAISE.

Pour garder, ma chere,
Leur lait bien long-tems,
Les femm'doivt'oublier l'pere,
Toujours en songeant
Qu'su'les bras i's'ont leur enfant.

UN PETIT GARÇON.

Discretement dites-moi, mon pere,
Que faut-i qu'j'espere,
A l'ecol' demain ?
Je dois aller, me dit ma mere ;
Mais j'suis un lutin
Qui joue & l'soir & le matin.

BLAISE.
A l'école au lieu d'faire tapage,
Demain fois bien sage,
Et dans la maison
Lorsque tu reverras ta mere,
Pour payer la leçon,
Al'te donnera du bonbon.

PERRETTE & GROS-PIERRE.
J'tommes époux, ai-je à craindre quéq'chose ?

BLAISE.
De peur de la glose,
Que soir & matin
L'un tans l'aut'jamais ne repose,
Et par ce moyen,
Toujours cheux vous tout ira bien.

THERESE.
J'tommes la derniere, l'on a passé mon tour.

Air : *d'l'instant qu'on nous mit en ménage*, n° 39.

Mon pere, j'm'appelle Thérèse,
Et mon futur s'nomme Benjamin.

BENJAMIN & THERESE.
Dites-moi, ça m'rendra ben aise,
C'qui résult'ra de notre hymen.

BLAISE.
Mes enfans, (*bis.*) pour mieux vous instruire,
Lisez, lisez ce papier-là...

(*Il donne une lettre à Thérese & un billet à Benjamin.*)

BENJAMIN.
Ah ! mon dieu, je n'savons pas lire,
J'te charg'de lire ça pour moi..
Guillot, en ta qualité d'homme d'affaire,
j'te charge de lire ça pour moi....

THERESE à part, *lisant la lettre de Blaise.*

» Tu dois avoir reconnu ton fidele Blaise ;
» si mon stratagême réussit, dès ce soir tu es

» à moi ; j'ai empêché le petit Lubin d'aller
» quérir le notaire ; quand tout le monde fera
» parti, ce fera l'inftant qui doit décider de
» notre bonheur.'... (*haut.*)

Ah ! la bonne aventure
O gué,
La bonne aventure.

Fait'nous part à préfent de la vôtre,
monfieur Benjamin...

BENJAMIN.

Allons donc, Guillot.

GUILLOT, *lifant le billet.*
Air : *N'en demandez pas davantage, n°* 40.
» L'on voudra te faire époufer
» Femme jeune, jolie & fage...

BENJAMIN.

C'eft vrai...

GUILLOT.
» Un rival voudra s'oppofer
» Avec force à ce mariage.

BENJAMIN.

Ah ! mon dieu, mon dieu, il eft donc forcier, c'per', pour dire com'ça des chofes
qui... c'pauvre Blaife, i doit être à préfent
dans un'ben terrible fituation ; qu'en penfez-
vous ma future ?

THERESE.

Je n'fuis pas fâché d'ça, nous verrons
com' il s'en tirera...

BENJAMIN.

Achev' Guillot...

GUILLOT.

Tu feras bourru...

BENJAMIN.
C'eſt faux.
THERESE.
Quelq'fois c'pendant...
GUILLOT.
Tu feras...
BENJAMIN.
Eh bien, je ferai...
GUILLOT, *déchirant le papier.*
N'en demande pas davantage.
CHŒURS.
N'en demandez pas davantage.
BENJAMIN.
Me v'là ben inſtruit...
GROS-PIERRE.
Allons, mes amis, ne r'tenons pas plus long-tems l'pere, ſon couvent pourroit en être en peine...
LE PETIT GARÇON.
Il m'a dit ma bonne fortune, j'voulons en r'vanche le r'conduire...
GROS-PIERRE.
Oui, mais n'faut pas le laiſſer partir ſans qu'il ait d'quoi ſe r'ſouvenir de nous... j'avons fait une bonne moiſſon, qu'on lui donne autant d'gerbes qu'il en pourra porter...
THERESE.
J'aurions ben du plaiſir à les lui choiſir nous-même; voulez-vous permettre, mon pere...
GROS-PIERRE.
Va, mon enfant, puiſque ça t'plaît, va.

BLAISE.

Ah ! je me fens rajeunir, Dieu vous rendra, mes chers enfans, tout ce que vous faites aujourd'hui pour moi...

PERRETTE.

Air: *goûter le bonheur en famille*, n°. 41.

A jafer on paffe le tems,
Et l'on n'fong' pas que le notaire
A venir tarde bien long-tems,
Allons tous le chercher, Gros-Pierre.

CHŒURS.

Bien volontiers.

BENJAMIN.

Je refte ici,
Faut que je veille fur vot' fille,
Si j'veux demain, com' fon mari,
Goûter le bonheur en famille.

GROS-PIERRE.

Allons donc chercher le notaire.

PERRETTE.

Air : *de l'allemande de la Dot*, n° 42.

I d'meure au bas du côteau,
Et vite & tôt traverfons le hameau;
I d'meure au bas du côteau,
D'ici le chemin eft fort beau.

GROS-PIERRE.

Moi m'eft avis que pour rendre
Le chemin encor plus court,
Au loin j'faffions entendre
Flut'z & tambour.

CHŒURS.

I d'meure au bas du côteau,
Et vite & tôt, &c.

BENJAMIN.

Et moi, fatigué, j'penfe,

C'eft

C'est, je crois, fort ben penser ;
Que j'puis pendant votre absence,
Ach'ver d'souper.

CHŒURS.

I d'meure au bas du côteau,
Et vite & tôt, &c.

LE PETIT GARÇON.

Et moi j'vais trouver l'pere Bonaventure là-haut, parce que j'dois être son p'tit conducteur.

SCENE IV.

BENJAMIN seul.

Qu'avons-nous besoin de notaire pour nous marier, gn'ia plus qu'ça qui nous retient; mais demain, ah ! Thérese, c'est joli ça... demain...

Air : *Ah! que je sens d'impatience*, n°. 43.

Com' dans nôtre petit ménage,
Nous allons nous trouver heureux,
Rien ne nous portera d'ombrage,
Toujours contens, toujours joyeux ;
L'amour, le soir, lui-même fermera
   Not'paupiere,
Et c'est l'matin lui seul qui l'ouvrira ;
Dans les bras de sa ménagere
Quand Benjamin se trouvera,
   Bientôt l'on verra
   C'qu'il en résult'ra,
   D'z'enfans hauts com' ça,
   Puis après com' ça,
   J'les entends déjà
   M'apeler papa,
   Mon petit papa,
   Ouida, ouida, ouida.

(*L'orchestre fait coucou.*

E.

Bah!... Je fais que ben des gens, pour brouiller le ménage, me diront ça, mais moi qui m'y connois, j'leu répondrai :

Je gage, je gage, que je ne le suis pas. (*Bis.*)
(*Ritournelle.*)

V'là j'crois, not' sorcier qui s'en va.

SCENE V.

BENJAMIN, BLAISE *portant une botte de paille, dans laquelle est renfermée Thérèse. Il est conduit par le petit garçon.*

BLAISE, *dans la coulisse.*

Air : *Bonsoir la compagnie*, n°. 44.

Adieu la belle...

BENJAMIN.

Tien, est-c' qu'il y voit clair, pour dir' com' ça qu' Thérese est belle...

BLAISE, *dans la coulisse.*

D'après vot' zèle,
Je jug' que vous êt' telle,
Je me retire.

LE PETIT GARÇON.

Je veux vous conduire ;
Holà, levez le pied,
Pr'nez garde à l'escalier,

BENJAMIN à *Blaise, qui traverse le théâtre.*

Bonsoir mon très-cher pere,
Vous êtes content, j'espere,
Bonsoir jusqu'au revoir,
Jusqu'au revoir, bonsoir.

TOUS DEUX ENSEMBLE.

BLAISE.	BENJAMIN.
Bonsoir mon très-cher frere,	Bonsoir mon très-cher pere,
Que votre hymen prospere,	vous êt' content, j'espere,
Bonsoir jusqu'au revoir,	Bonsoir jusqu'au revoir,
Jusqu'au revoir bonsoir.	Jusqu'au revoir bonsoir.

SCENE VI.

BENJAMIN, seul.

ME v'là seul à présent avec ma future, fermons ben la porte & prenons-en la clef, de peur qu'all' ne prenn' celle des champs. Mais ell' reste ben long-tems là-haut ; Mamselle Thérese... Mamselle Thérese... all' ne répond pas... Mamselle Thérese... mon dieu, lui seroit-il arrivé quelque chose, elle ne peut pas être décampée, puisqu'il n'i a pas de porte qui donne de ce côté là... (*ritournelle.*) V'là déjà tout le monde qui revient i z'auront surment rencontré l'notaire en chemin.

(*Madame Perrette en dehors... Benjamin!...*)

J'y vas... (*Il ouvre la porte, & court ensuite à la grange.*) Ah! mon dieu, mon dieu...

SCENE VII.

GROSPIERRE, PERRETTE ; CHŒURS.

GROS-PIERRE.

Air : *c'est Suzon la camarde*, n°. 45.

Réjouis toi, mon gendre,
V'là l'notair' tout prêt....

Eh bien, j'croyons l'entendre,
Mais où donc qu'il est?

BENJAMIN *accourant.*
Qu'il aille à tous les diables, vot'notaire,
Il s'est fait trop attendre.

CHŒURS.
Qu'dis-tu grand benêt.

BENJAMIN.
Laissez-moi, j'n'aspire qu'à me pendre.

TOUS.
Mettez-nous au fait.

BENJAMIN.
Vot'bon pere à qui vous avez si bien fait
la charité a ensorcelé votre maison, Thérefe
est disparue...

TOUS.
O! ciel, qu'entends-je?

Air: *quel désespoir*, n°. 46.
Quel! désespoir!

BENJAMIN.
Pour moi n'y a donc plus de bergere.

TOUS.
Quel désespoir!
O! ciel, pouvoit-on le prévoir?..

BENJAMIN.
Je m'difois-là,
Tantôt avec un'cont'nanc'fiere,
J's'rai donc papa
De p'tits marmots que j'verrai là...
Mais à préfent que faire,
N'y aura plus de marmots ni d'papa,
Hélas! je m'défespere,
Le nom d'Benjamin finira.

TOUS.
Quel désespoir !

PERRETTE.
Au lieu de nous plaindre, Gros-Pierre,
Il faut tous voir,
Ce que nous ferons dès ce soir.

Ma fille m'étoit ben chere, & je n'connois qu'un moyen de la retrouver, c'est d'la marier avec le premier qui la ramenera.... là, ça t'aprendra p'tet' nigaud, à garder mieux un dépôt de c't'espece-là....

Ici l'on apperçoit Blaise dans le fond, écouter, & s'en aller tout-de-suite.

BENJAMIN.
Air : de Malbrouck, n°. 47.

Je vais à perdre haleine,
Mironton tonton mirontaine,
Je vais à perdre haleine,
Courir ma p'tit' maman,
Pour r'trouver cell' qu'j'aim'tant.

CHŒURS.
Partons tous à l'instant.

BENJAMIN.
Et si j'fais qu'all'revienne,
Mironton tonton mirontaine,
J'vous rendrai par douzaine,
De beaux petits enfans.

SCENE DERNIERE.

LES MÊMES, BLAISE *en habit de paysan*.

CHŒURS.
Que veut Blaise à présent ?

BLAISE.
Arrêtez un moment;
(à Perrette.)
J'viens calmer votre peine,
Vot'promesse est-ell'bien certaine.

PERRETTE.
Ma promess'n'est point vaine,

BLAISE ramenant Thérese.
Eh bien je vous la rends.

PERRETTE & GROS-PIERRE.
Embrassez-vous enfans.

BENJAMIN.
Quel chien de contre-tems.
Qu'avez-vous fait, marraine,
Mironton ton ton mirontaine,
Votre têt'n'est pas saine.

CHŒURS.
R'cevez nos complimens.

BLAISE.
Mes amis, ma chere Thérese,... à présent que je suis au comble de mes vœux, tenez M. Benjamin, vous pouvez faire usage de cette barbe & de cet habit de quêteur.

BENJAMIN.
Quoi ! c'étoit vous ?

PERRETTE.
Ah! tu es bien heureux que je n'sois pas femme à rétracter ma parole.

BLAISE.
Ma p'tit'maman vous n'vous repentirez jamais de ce que vous venez de faire.

BENJAMIN.
Oh! mon dieu, on a ben raison de dire que la femme....

Air: *tout comme a fait ma mere*, n°. 48.
De bon cœur je la donne au diable,
Et 'm'souviendrai de cett'leçon,
Je n'fais qu'trop c'quoi d'qual'est capable;
D'après ça, je mourrai garçon.

CHŒURS.
Dam, dam, vous ferez bien.

BENJAMIN.
Dam, dam, j'n'en savons rien,
Mais sur ça, du moins j'pourrai faire,
Tout comme a fait (3 f.) mon pere.

THERESE.
V'là la premiere fois, M. Benjamin, que je vous trouve raisonnable.

BLAISE.
VAUDEVILLE DE LA FIN.
Air: *de M. Solié*, n°. 49.

I.
J't'époufe enfin ma Thérefe;
En dépit d'monsieur Benjamin,
Pour savoir com'mon cœur est aise,
Un instant place-là ta main,
De vos peines tantôt, mon pere,
Vous avez recueilli le fruit,
Et moi, dès demain à Cythere
J'esper'ben moissonner aussi.

THERESE *au public*.
II.
Vouloir faire un'moisson nouvelle,
Nous le savons, c'est imprudent;
Quand Favart a fait la plus belle,
Que doit-il nous rester au champ;
Ah! messieurs, quoiqu'il en puisse être,
L'auteur de ce simple croquis,
Veut voir s'il peut, après son maitre,
Glaner encor quelques épis.

FIN.

ERRATA.

Page 10, après (sût bien jouer son rôle.)
GROS-PIERRE.
Oh ma femme! queu nid d'oiseaux!

Page 15, après (qu'il a bon air, qu'il est gentil.)
BENJAMIN.
Moi j'ai bon air, je suis gentil!..

Pieces qui se trouvent chez le même libraire.

Fénélon de M. J. Chénier,	1 l.
Paul et Virginie,	15 s.
Le Vieux Célibataire, com. en 5 actes du cit. Colin,	1 l. 10 s.
Philippe et Georgette,	1 l. 5 s.
Les Loups et les Brebis,	15 s.
L'Hiver ou les deux Moulins,	15 s.
Zélia, drame de Dubuisson,	1 l. 10 s.
Brutus de Voltaire,	1 l.
La soirée orageuse,	15 s.

www.ingramcontent.com/pod-product-compliance
Lightning Source LLC
Chambersburg PA
CBHW060512050426
42451CB00009B/948